Doreen Virtue

L'Oracle des Anges

Cinquième Édition

Éditions Exergue
29, rue de Condé
75006 Paris

Autres ouvrages de Doreen Virtue :

(Disponible chez le même éditeur)

Coffrets, avec livre et cartes :

- *Guérir avec l'aide des Fées*
- *Guérir avec l'aide des Anges*
- *Messages de vos Anges*
- *L'oracle des Fées*
- *Cartes divinatoires des Maîtres Ascensionnés*
- *Cartes divinatoires des Archanges*
- *Cartes oracle de l'Archange Michaël*

Livres :

- *Messages de vos Anges*
- *365 conseils de vos Anges*
- *Histoires... de Fées*
- *Mon Ange Gardien*
- *Les Anges de Salomon*
- *Oracles des Anges*
- *Paroles de réconfort de vos Anges*
- *Être à l'écoute de vos Anges*
- *Le Miracle de l'Archange Michaël*
- *Archanges et Maîtres ascensionnés*
- *Médecine des Anges*
- *La purification des chakras*
- *La médecine des cristaux*

Titre original : *Daily guidance from your angels, oracle cards*

Traduit de l'anglais par : Marie-Noëlle Antolin

ISBN : 978-2-911525-69-8

www.editions-tredaniel.com

info@guytredaniel.fr

SOMMAIRE

MESSAGES QUOTIDIENS DE VOS ANGES

Vos anges gardiens sont toujours avec vous, même si vous n'êtes pas conscient de leur présence. Ils sont prêts à vous aider dans tous les domaines de la vie. Cependant, en vertu du libre arbitre, ils n'interviennent que si vous leur demandez assistance. Les anges sont de puissants messagers de l'amour divin. Ils ne connaissent ni les limites de l'espace ni celles du temps et peuvent donc vous assister à tout moment et pour toute question, qu'elle vous semble petite, moyenne ou immense.

Pourtant, une fois de plus, vous devez demander leur aide pour qu'ils soient autorisés à vous l'apporter. J'ai fait des recherches et des expériences pour savoir s'il est possible de contourner cette loi divine. Par exemple, j'ai donné à mes anges carte blanche pour qu'ils s'occupent de moi une journée entière. Cela n'a pas fonctionné, parce qu'il leur faut une demande précise pour chaque besoin spécifique. Alors j'ai commencé à leur parler continuellement comme je le ferais au sein d'une équipe très soudée.

Quand vous invitez les anges à vous aider dans tous les domaines de la vie, tout devient plus joyeux, plus sain et plus facile. Au lieu que vous luttiez pour obtenir satisfaction, les choses se font comme par magie au bon moment, votre santé s'améliore miraculeusement et la paix vous envahit.

J'ai conçu ce jeu de cartes oracles pour vous offrir des petits rappels quotidiens de l'amour et de la présence angéliques à vos côtés. Souvent, les gens me disent qu'ils oublient de formuler leurs demandes. Ces cartes fournissent la solution idéale. Vous en choisissez une chaque matin et vous la gardez avec vous toute la journée, pour méditer sur le conseil qu'elle vous donne et pour vous souvenir également de demander de l'aide.

Comment utiliser les cartes oracles

Ces cartes sont un moyen ancien et consacré de se relier aux anges et aux guides spirituels.

Elles sont absolument inoffensives puisqu'elles n'attirent que l'énergie d'amour céleste des messagers de Dieu. Leur principe est fondé sur la loi d'attraction : celles que vous tirez correspondent de manière vibratoire à votre question ou pensée du moment. C'est pourquoi on a tendance à retrouver plusieurs fois les mêmes.

J'adore travailler avec les cartes oracles car elles ne se trompent jamais. Dans les moments où nous avons le plus besoin de conseils, il est parfois difficile de les entendre clairement parce que le stress nous en empêche. Puisque les cartes constituent un lien direct entre nous et nos anges, elles court-circuitent les blocages émotionnels. De plus, *chacun de nous* est en mesure de donner une interprétation correcte pour soi-même et pour autrui !

Voici comment procéder :

Étape 1 : nettoyez votre jeu de cartes

Vos cartes sont des outils sensibles qui absorbent de l'énergie et elles doivent donc être nettoyées de toutes les vibrations provenant de leur fabrication. Il vous suffira de recommencer les étapes 1 et 2 si une autre personne les touche ou si vos messages manquent de clarté parce que les cartes sont encombrées d'un surplus d'énergie.

Pour nettoyer votre jeu, tenez-le dans la main non dominante (normalement, celle avec laquelle vous n'écrivez pas) car elle est *réceptrice*. Fermez la main *émettrice* et frappez du poing sur les cartes une seule fois très fermement. Cela fait sortir l'énergie résiduelle et les cartes seront alors comme la page vierge, prêtes à s'imprégner de votre vibration personnelle.

Étape 2 : consacrez les cartes

Étalez le jeu en éventail, les faces visibles. Approchez-le de votre cœur et imaginez une prière ou une intention dont vous souhaitez les imprégner. Vous pouvez par exemple dire à haute voix ou en silence :

> *« Je demande aux anges que tous les messages de ces cartes soient justes et précis et qu'ils apportent leurs bienfaits aux personnes concernées. S'il vous plaît, aidez-moi à rester centré dans ma conscience supérieure pour que je puisse*

clairement entendre, voir, sentir et discerner les conseils divins transmis par l'intermédiaire de ces cartes. Donnez-moi, je vous en prie, la confiance pour comprendre, croire et honorer ces messages. »

Étape 3 : posez une question

Pensez à un problème auquel vous aimeriez honnêtement recevoir une solution. Je dis bien « honnêtement » car les anges répondent toujours à ce que vous avez à l'esprit. Les gens ont parfois peur de formuler certaines demandes, et la réponse qu'ils reçoivent alors semble contredire la question posée, mais c'est uniquement parce que les anges réagissent à la véritable idée sous-jacente, qui est généralement un vœu ou un désir profond. Ils préfèrent que vous reconnaissiez consciemment vos souhaits pour pouvoir vous aider à les satisfaire ou à obtenir quelque chose de mieux.

Si vous tirez les cartes pour une autre personne, demandez-lui de penser fortement à sa question sans la verbaliser. Les anges entendent nos pensées, nous n'avons pas à formuler nos interrogations à haute voix.

Étape 4 : battez les cartes

Pensez à la question pendant que vous mélangez votre jeu, et demandez à vos anges de vous aider à recevoir réponses et conseils. Si une ou plusieurs cartes « sautent » du paquet pendant l'opération, mettez-les de côté ; elles feront partie de votre tirage.

Tout en battant les cartes, il vous viendra peut-être à l'esprit des sentiments, des pensées, des mots ou des images. Ce sont des informations que vos anges vous envoient pour vous aider à mieux interpréter le tirage. Donc gardez en mémoire ce qui vous parvient.

Quand deux paquets distincts commencent à se former, il est temps de cesser de mélanger. Vous pouvez aussi recevoir le signal de fin sous forme d'une impression, d'une pensée, d'une image ou même d'une voix vous demandant d'arrêter.

Vous ne pouvez pas vous tromper sur le moment final car le tirage est supervisé par les anges.

Étape 5 : tirez une carte

Prenez la première carte sur le dessus du paquet et lisez le conseil angélique. Notez les pensées, les mots, les sentiments ou les images qui vous viennent à l'esprit, car ce sont de nouveaux messages qui vous sont envoyés pour personnaliser le texte et l'adapter à votre cas particulier. La figure est également porteuse de sens ; étudiez-la en détail.

La prochaine partie de ce livret fournit des explications supplémentaires pour chaque carte. Souvenez-vous qu'il est toujours possible de changer les conséquences d'une situation grâce à la prière, la visualisation et les affirmations positives. Les anges peuvent vous aider à modifier votre futur si vous le leur demandez et si vous restez réceptif à leur intervention.

Exemples de tirages variés

Tirage à trois cartes

À la suite des étapes 3 et 4 ci-dessus, prenez trois cartes sur le dessus du paquet. Posez la première sur la gauche, la deuxième au milieu et la troisième sur la droite, faces visibles.

La carte de gauche montre le passé immédiat en rapport avec la situation relative à la question posée. La deuxième contient les conseils dont vous avez besoin pour travailler sur le problème en cours. À droite, enfin, vous avez un aperçu de votre futur proche si vous suivez la voie proposée par la carte centrale. Souvenez-vous que vous pouvez influer sur votre avenir en cultivant un regard positif et en respectant les conseils divins.

Que dois-je apprendre aujourd'hui ?

Voici une merveilleuse question à se poser le matin. Dirigez-la vers vos anges tout en battant les cartes, puis étalez le jeu sur une surface plate, faces cachées. Effleurez-les de la main avant d'en choisir une qui vous attire, soit visuellement, soit intuitivement. Elle vous apportera un thème à méditer au cours de la journée – vous pouvez emporter la carte, ou bien recopier son message sur un papier que vous garderez sur vous et relirez de temps en temps.

SIGNIFICATION DES CARTES

Ce livret répertorie les significations générales de chaque carte du jeu Cartes oracles, *messages quotidiens de vos anges*.

Elles sont rangées dans l'ordre alphabétique selon le titre de chacune. Reportez-vous à la page correspondante pour des informations supplémentaires sur chaque carte. Vos anges et votre intuition vous apporteront également leurs conseils pendant la lecture de ces quelques lignes, aussi prêtez attention aux pensées et sentiments qui surgissent en vous.

ABANDONNER ET LIBÉRER

« Vous êtes enveloppé des bienfaits de notre amour radieux. Ouvrez les mains pour abandonner les épreuves auxquelles vous vous agrippez. Tendez vos bras et votre cœur vers notre amour et notre assistance. »

Les anges vous apportent cette carte parce que vous essayez de régler la situation tout seul. Ils aimeraient vous venir en aide et répondre à vos prières, mais vous devez d'abord abandonner votre fardeau. Abandonner, c'est savoir simplement que vous êtes las de lutter. Cela signifie que vous devez lâcher prise émotionnellement, dans la certitude que la divine sagesse de l'esprit (incluant votre conscience supérieure) peut accomplir le travail à merveille. Cela n'implique pas que vous y renonciez ni que vous acceptiez d'être contrôlé. Grâce à l'abandon, vous êtes assuré d'avoir un meilleur résultat. S'il vous faut de l'aide pour lâcher prise, demandez aux anges leur soutien.

Significations supplémentaires : Ne vous souciez pas de la manière dont votre prière sera exaucée. Laissez Dieu s'occuper des détails • Soyez prêt à demander de l'aide • Libérez les tensions et le besoin de contrôler, et les choses se feront plus aisément • Évitez les conflits au sein de votre relation. Conservez votre pouvoir et vous n'aurez pas à le reconquérir.

ACCEPTATION

« Voyez les autres et vous-même à travers le regard des anges, dans l'amour inconditionnel et l'acceptation. Ainsi, vous inspirerez et élèverez chacun vers son plus haut potentiel. »

Vous avez reçu cette carte pour améliorer votre relation aux autres et à vous-même. La prochaine fois que vous serez tenté de vous critiquer ou de juger autrui avec sévérité, priez plutôt pour que l'un et l'autre reçoive joie et santé. Ce regard plus positif construit l'estime de soi, apporte l'harmonie et des relations saines.

Significations supplémentaires : Remarquez comme vous vous sentez mieux dès que vous pensez positivement aux autres et à vous-même • N'essayez pas de changer ni de contrôler les autres • Lâchez prise sur votre tendance à vouloir forcer le destin et vous verrez vos désirs se réaliser sans effort au-delà de vos espérances • Quand une porte se ferme, une autre s'ouvre.

AIR FRAIS

« Votre corps a besoin de se rafraîchir, de s'oxygéner parmi les plantes, l'herbe, les fleurs et les arbres. Passez un moment dehors aujourd'hui, aussi près que possible de notre Mère Nature. Ouvrez également les rideaux et les fenêtres de votre maison. »

Les anges vous envoient cette carte parce que vous avez besoin d'air pur. Vous êtes resté trop longtemps sans sortir, votre corps et votre âme sont assoiffés d'oxygène. Ouvrez les fenêtres pour aérer, puis sortez et respirez à pleins poumons. Si vous habitez en ville, faites un saut à la campagne dès que possible pour combler votre besoin d'air frais. Assurez la circulation régulière d'oxygène dans la maison et au bureau en disposant des plantes vertes dans toutes les pièces.

Significations supplémentaires : Prenez un peu d'exercice à l'extérieur • Exposez-vous au soleil ou accordez-vous un voyage dans un lieu ensoleillé • Passez plus de temps parmi les plantes et les arbres • Renouez avec la nature • Apportez une bouffée d'oxygène dans une situation ou une relation qui s'essouffle.

AVERSE D'ABONDANCE

« Pour améliorer votre situation financière, confiez-nous d'abord vos soucis concernant l'argent. Nous vous guiderons pour vous montrer comment créer et accepter l'abondance. Si nous travaillons ensemble, vos finances prospéreront aussi vite que vous le permettrez. »

Cette carte est le signe que vos prières à propos de l'argent ont été entendues. Plus vous écouterez et suivrez vos intuitions à partir de maintenant, plus vite votre situation financière s'améliorera.

Significations supplémentaires : Les pièces de monnaie qu'il vous arrive de trouver sont des signes de gentillesse de vos anges et de vos chers disparus • Un revenu inespéré s'offre à vous • Confiez aux anges toutes vos craintes quant à vos finances • Suivez tout conseil que vous recevez, car il peut être une réponse à vos prières • L'abondance peut prendre différentes formes, comme des opportunités, un gain de temps, des idées lumineuses.

BUT DE LA VIE

« Le but de votre vie est de servir de manière à apporter aux autres et à vous-même la plus grande satisfaction. Concentrez-vous d'abord sur le service, sans chercher votre but, et vous en recevrez tous les bienfaits en retour. »

Cette carte vient vous rappeler que vous n'avez pas besoin de lutter pour trouver le but de votre vie. Ne vous tracassez pas à chercher une carrière lucrative et déterminée. Ne vous souciez pas de trouver ou de quitter un emploi ou une profession. Suivez plutôt le chemin de vos envies naturelles, de vos talents, de vos passions, dans l'intention d'offrir de la joie aux autres en vous faisant plaisir. Votre but est un processus qui n'a pas l'obligation d'être précis, délimité ni catégorique.

Significations supplémentaires : Confiez vos soucis d'argent et de carrière à Dieu et aux anges • Vous vous dirigez vers le but de votre vie • Concentrez-vous sur une étape à la fois dans le respect de votre objectif et confiez aux anges vos angoisses quant au futur • Ce que vous êtes en train de faire est inhérent à votre but.

CHAKRA DU CŒUR

« L'amour est au cœur de la matière, comme votre cœur est au centre de votre corps physique, qui est en accord parfait avec l'amour. Il est sans danger pour vous d'aimer et d'être aimé du fond du cœur, puisque nous sommes toujours prêts à vous guider et à vous protéger. »

Les anges vous ont donné cette carte parce que la réponse à votre question se trouve dans votre cœur. Plus grand vous l'ouvrirez, plus vous ressentirez d'amour, de joie et de paix. Vous pouvez ouvrir votre chakra du cœur en demandant aux anges de vous envoyer leur énergie curative, en le visualisant entouré d'une lumière rose, en inhalant le parfum de fleurs de cette couleur, en portant sur vous un cristal de quartz rose et en vous concentrant sur l'amour.

Significations supplémentaires : Envoyez de la lumière et de l'amour à votre chakra du cœur • Prenez grand soin de votre santé cardio-vasculaire en mangeant sainement et en faisant un peu de sport • Un proche décédé d'une maladie de cœur vous dit : « Coucou, je t'aime. » • Ayez une discussion sincère et chaleureuse.

CHANGER DE DIRECTION

« Les changements que vous vivez sont divinement orchestrés par votre toute nouvelle volonté d'ouvrir votre cœur à l'amour et à nos conseils. À partir de maintenant, vous êtes protégé et pouvez suivre votre voie vers les heureuses conséquences de vos désirs. »

Cette carte signifie que votre cœur s'est ouvert, ce qui a changé le sens de votre vie de manière positive. Vos anciens schémas ne vous intéressent plus, vous évitez maintenant les amis et les loisirs qui vous attiraient auparavant. Vous souhaitez une carrière et un mode de vie en rapport avec vos nouveaux intérêts et vos nouvelles passions. Les anges vous guident pendant cette transition. La loi d'attraction vous assure que vous rencontrerez de magnifiques opportunités et relations.

Significations supplémentaires : Vous commencez une nouvelle étape de votre vie • La naissance d'un projet est en cours • Une grossesse, une naissance ou une adoption sont possibles • Un nouvel élément de votre vie est une bénédiction, même s'il n'en a pas l'air pour le moment.

CONSEIL FIABLE

« Vous avez reçu une merveilleuse idée en réponse à vos prières. Elle est authentique et fiable. Vous pouvez la suivre en toute sécurité, sachant que nous serons près de vous à chaque étape de votre projet. Demandez de l'aide et acceptez de recevoir notre soutien pour tout ce dont vous aurez besoin dans la concrétisation de cette idée. »

Les anges vous envoient cette carte parce qu'ils veulent que vous acceptiez les idées qui viennent en réponse à vos prières et que vous ayez confiance en elles. Vous serez encouragé dès que vous commencerez à agir, pourvu que vous gardiez contact avec vos anges pour recevoir régulièrement leurs conseils. S'il vous arrive de vous sentir vulnérable, demandez-leur de vous apporter le réconfort émotionnel, spirituel et matériel.

Significations supplémentaires : Ne vous souciez pas des détails, ils se mettront en place d'eux-mêmes au fur et à mesure de votre progression • Allez-y ! • Votre idée est valable et divinement inspirée • Vous pouvez opérer des changements et avancer en toute sécurité.

CUPIDON

« Nous envoyons de grandes vagues d'amour dans votre cœur et votre esprit pour vous éveiller à la vie. Votre décision d'accepter et d'apprécier une liaison sentimentale a été le point de départ de cet éveil. Autorisez-vous à célébrer spontanément l'amour sous tous ses merveilleux aspects. »

Cette carte vient à vous parce que vos anges connaissent votre désir d'aimer. Au lieu d'intervenir sur les événements extérieurs de votre vie amoureuse, ils vous assistent de l'intérieur. Ils vous disent qu'une liaison naît lorsque l'on aime profondément la vie elle-même. Quand vous les laissez éveiller cet amour en vous, vous attirez et vivez naturellement des relations plus sentimentales.

Significations supplémentaires : Entourez-vous de belles choses comme des roses et des bougies • Confiez aux anges toutes vos peines de cœur • Priez l'archange Michaël de vous aider à vous libérer de vos attachements douloureux • Décidez clairement ce que vous désirez pour votre vie sentimentale • Affirmez : « Il est sans danger pour moi d'aimer et d'être aimé. »

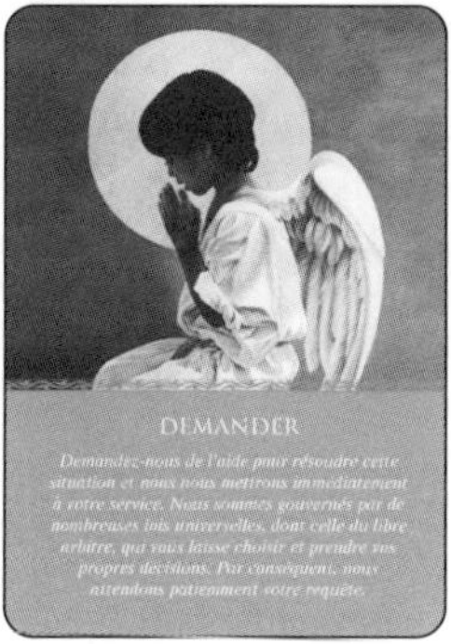

DEMANDER

« Demandez-nous de l'aide pour résoudre cette situation et nous nous mettrons immédiatement à votre service. Nous sommes gouvernés par de nombreuses lois universelles, dont celle du libre arbitre, qui vous laisse choisir et prendre vos propres décisions. Par conséquent, nous attendons patiemment votre requête. »

Cette carte vous rappelle que vous pouvez demander plus souvent l'aide de vos anges. Ils interviennent dans tous les domaines de la vie en vous envoyant idées, courage, foi, confiance et clarté d'esprit. Sollicitez-les également pour toute question matérielle, comme un besoin d'argent, de temps, une bonne santé et une grande vitalité.

Significations supplémentaires : Demandez ce dont vous avez besoin • Au lieu de vous plaindre, appelez à l'aide • Demandez l'appui de votre entourage • Déléguez vos tâches • Employez les services d'autrui • Appelez vos anges pour toute question, quelle que soit son importance.

DONNER ET RECEVOIR

« L'Univers entier fonctionne en cycles comparables à vos inspirations et expirations. Quand vous vous contentez d'expirer (donner) ou d'inspirer (recevoir), vous êtes en désaccord avec le rythme universel. Pour une santé optimale, pour vous remplir d'énergie, équilibrez chaque inspiration de votre vie par une expiration. »

Les anges vous envoient cette carte parce que la balance entre donner et recevoir est déséquilibrée pour vous depuis quelque temps. Si vous avez donné bien plus que vous n'avez reçu, vous avez sans doute l'impression que les autres profitent de votre bonté. Si vous avez reçu plus que vous n'avez donné, vous devez vous sentir coupable, mal à l'aise et peut-être déprimé. Même s'il est impossible de tenir le juste équilibre au jour le jour, il vous faut globalement atteindre une proportion harmonieuse. Pour cela, assurez-vous de donner chaque jour quelque chose (un peu de votre temps, de l'argent, un cadeau, un compliment) sans rien attendre en retour. Dans le même temps, acceptez de bon cœur les propositions d'aide, les compliments, tous les cadeaux que l'on vous fait. Remerciez sans embarras ni culpabilité. Dans les relations où vous faites le premier pas, exprimez vos besoins et vos demandes d'aide.

Significations supplémentaires : Dans chacune de vos relations, assurez-vous de donner et de recevoir • La situation qui vous préoccupe requiert un équilibre des énergies masculine et féminine • Pour recevoir, vous devez d'abord donner • Réclamez ce dont vous avez le plus besoin (du temps, de l'argent, des objets, etc.) • Affirmez : « Je reçois maintenant avec gratitude tout ce qui est bon pour moi. »

ÉCOUTER

« Tranquillisez-vous, ami très cher. Écoutez, nous vous confirmons en douceur que tout est pris en charge. Restez calme et réceptif, sans vous soucier de connaître la nature exacte des manifestations de vos désirs. L'esprit serein et le corps détendu, vous nous entendrez clairement et rapidement. Voici notre requête : écoutez. »

Vous avez reçu cette carte parce que vos anges souhaitent vous transmettre leurs messages.

Ils vous demandent de parler moins pour écouter mieux (lorsque nous sommes stressés, nous avons tendance à bavarder inconsidérément). Soumettez-leur vos inquiétudes et soyez assuré qu'ils reçoivent vos prières. S'ils semblent ne pas répondre, c'est sans doute que vous ne les entendez pas. Retirez-vous dans un lieu tranquille avec l'intention de les écouter. Fermez les yeux, respirez profondément… et laissez venir les messages.

Significations supplémentaires : Évitez les environnements bruyants • Vous avez entendu correctement vos anges • Éteignez la radio ou la télévision • Votre audition s'affine parce que vous vous mettez à l'écoute des anges • Purifiez les chakras de vos oreilles en visualisant une lumière qui nettoie la zone du front au-dessus de chaque sourcil.

ENFANT

« Vous aimez beaucoup les enfants et ils répondent volontiers à votre amour. Tous, même votre enfant intérieur, ont besoin d'amour, d'affection et de sollicitude. Nous pouvons ouvrir votre cœur et faire en sorte de vous donner plus de temps et d'énergie pour ceux qui ont besoin de vous. »

Cette carte signifie qu'un aspect de votre question concerne un enfant, soit le vôtre, soit un jeune membre de votre famille, ou peut-être votre désir d'avoir un bébé, ou encore votre travail présent ou futur en relation avec les enfants. Avez-vous beaucoup pensé à eux ces derniers temps ? Dans ce cas, cette carte vous confirme la validité de vos réflexions. Vous pouvez chercher à passer plus de temps avec eux, peut-être en travaillant dans un secteur d'activité auprès des plus jeunes.

Significations supplémentaires : Le but de votre vie comprend l'aide aux enfants • Gardez votre âme d'enfant • Prenez soin de votre enfant intérieur • Un enfant au ciel vous dit : « Je t'aime. » • Vous pouvez programmer une grossesse ou une adoption.

ENRACINEMENT

« Quand vous vous détachez de la conscience d'habiter un corps et de vivre dans le monde physique, vous n'êtes plus enraciné. Bien qu'il soit agréable de flotter sur un nuage, votre travail et votre attention sont utiles ici-bas. Nous vous aidons à équilibrer en vous le spirituel et le matériel pour que vous puissiez apprécier une vie épanouissante sur Terre. »

Cette carte est le signe que votre énergie et vos perceptions ont besoin de s'enraciner. Si vous

vous sentez un peu étourdi, confus, hébété, elle vous ramène à la raison. Le « déracinement » signifie que votre attention se porte trop haut – comme si vous n'étiez plus dans votre corps. Il faut un équilibre dans la concentration entre l'esprit et le concret. Vous pouvez vous enraciner en vous massant la plante des pieds, en marchant pieds nus dans l'herbe ou sur le sol, en mangeant des légumes comme la carotte ou la pomme de terre, ou encore en visualisant des racines qui sortent de vos pieds et s'enfoncent en terre. Cela vous aidera à mieux vous concentrer et aussi à accroître vos liens avec les anges.

Significations supplémentaires : Prenez le temps de jardiner • Travaillez avec les essences florales • Adaptez vos habitudes et votre régime alimentaire pour qu'ils soutiennent votre conscience tant physique que mentale • À l'écrit comme à l'oral, assurez-vous d'utiliser un vocabulaire pratique, posé et compréhensible • Soyez terre à terre et authentique dans vos relations • Envoyez de l'amour et de la lumière à la Terre Mère.

ENTREPRENEUR

« L'intention de vous mettre à votre compte correspond à votre tempérament. Travailler pour vous-même vous permet de suivre votre intuition et les conseils divins. Nous sommes vos partenaires et collègues, nous restons loyalement à vos côtés pour vous assurer le succès dans tout ce que vous entreprenez. »

Cette carte vous est parvenue parce que vous êtes vraiment fait pour le travail à votre compte.

Vous avez les idées, le dynamisme et l'autodiscipline nécessaires. Pourtant, vous doutez de vous et hésitez. Les anges vous rassurent, vous avez tout ce qu'il faut pour réussir dans vos entreprises. Ils vous guideront et vous encourageront tout au long du chemin, et aussi longtemps que vous poursuivrez dans cette voie, votre succès sera assuré.

Significations supplémentaires : Vos idées pour l'affaire que vous envisagez sont valables • Dégagez-vous de votre emploi actuel en passant à temps partiel pour concrétiser votre désir d'entreprise • Lancez-vous, vous êtes guidé en ce qui concerne votre carrière • Soyez absolument prêt à réussir dans votre nouvelle entreprise.

ÊTRE HONNÊTE AVEC SOI-MÊME

« Regardez au fond de votre cœur et vous saurez la vérité sur cette situation. Vous pouvez vous l'avouer sans danger car elle vous soutiendra et vous guidera vers les changements nécessaires. Appuyez-vous sur nous pour trouver la force et le courage de prendre soin de vous. Concentrez-vous sur vos désirs réels et ils vous parviendront sur les ailes des anges. »

Vous avez reçu cette carte comme une gentille réprimande car les anges savent que vous occultez vos véritables sentiments. Vous redoutez sans doute d'admettre la réalité par peur d'être submergé d'émotions et dans l'obligation d'opérer des changements que vous savez nécessaires mais pour lesquels vous ne vous sentez pas prêt. Les anges vous assurent qu'il est plus sain de faire face à la situation avec honnêteté. Ils vous soutiendront pour gérer vos émotions, vos relations et tout ce dont vous aurez besoin pour progresser positivement. Cependant, ils vous rappellent que vous devez vous concentrer sur vos désirs et non sur vos peurs pour n'attirer que le meilleur.

Significations supplémentaires : La situation s'améliorera si vous l'affrontez carrément • Vous méritez mieux • Ayez confiance en vos propres sentiments même si les autres les désapprouvent • Ne laissez pas votre pouvoir à autrui • Évitez de tomber dans l'illusion qui prétend que « c'est comme ça, on n'y peut rien ».

FAMILLE

« Cette situation prend racine dans un événement douloureux en relation avec un membre de votre famille. Nous pouvons vous aider à la comprendre et à l'améliorer. Du fond du cœur, visualisez une lumière bleue apaisante avec de nombreux anges autour de vous, de cette personne et de l'événement. Soyez réceptif aux cadeaux qui vous sont offerts par la situation et laissez-vous gagner par la paix. »

Cette carte signifie que votre question concerne un problème familial. Il se peut qu'un membre de votre famille ait besoin de soins (il s'agit de la première personne qui vous vient à l'esprit en lisant ces lignes), ou bien ce tirage peut signaler l'utilité de resserrer les liens familiaux, en passant par exemple une soirée ou des vacances ensemble. Vos anges vous guideront dans cette approche.

Significations supplémentaires : Quelqu'un vient d'entrer dans votre famille • Vous avez des amis qui forment une seconde famille pour vous • Il est temps de faire face à des émotions anciennes qui doivent être clarifiées et évacuées • Libérez un schéma négatif en pardonnant à un ou plusieurs membres de votre famille, y compris à vous-même.

GARDER CONFIANCE

« Pour avancer, il n'est pas absolument nécessaire que vous ayez confiance en vous, mais au moins en Dieu, sachant que de toute manière Il agit avec vous et par votre intermédiaire. Faites appel à nous si votre confiance vacille, et nous soutiendrons votre foi et votre courage. »

Cette carte est un message de vos anges disant : « Vous pouvez y arriver ! » Reconnaissez que vous possédez toute les qualités nécessaires pour remplir la mission qui vous incombe. Même si vous ne savez pas très bien comment vous y prendre, soyez sûr de leur soutien permanent. Plus vous dépersonnaliserez cette tâche et vous rendrez compte qu'elle ne se rapporte pas à vous-même, mieux cela vaudra. N'écoutez pas la voix du doute : « Qui, moi ? » Vous en valez la peine puisque vous êtes l'enfant parfait du Créateur et que les anges vous entourent à chaque étape de votre trajet.

Significations supplémentaires : Restez dans l'instant présent et ne regardez qu'une étape à la fois • Confiez vos soucis et vos inquiétudes à Dieu et aux anges • Demandez aux anges d'accroître votre foi • Admettez que l'amour et la sagesse de Dieu agissent à travers vous.

IL EST TEMPS DE PARTIR

« Le soleil se lève et se couche tous les jours, et il en est de même pour les chemins de la vie. Voyez la beauté de chacun de vos crépuscules et sachez que demain une nouvelle aube se lèvera. La fin d'une situation n'est que le début d'une autre, et nous sommes à vos côtés pour traverser toutes les phases et les cycles de votre vie. »

Les anges vous apportent cette carte pour vous aider à admettre qu'il est temps de partir.

Vous savez déjà à quelle situation ils se réfèrent. Vous hésitez à en sortir par crainte et par loyauté, mais les anges vous assurent que c'est la meilleure solution. Travaillez avec eux quotidiennement durant cette période de transition pour que toutes les personnes concernées puissent rester en harmonie. Relâchez vers les cieux toute culpabilité ou émotion négative car votre énergie doit se maintenir élevée à partir de maintenant.

Significations supplémentaires : C'est un achèvement et la fin d'un cycle • Cette relation ou situation a atteint son but • Lâchez prise et abandonnez • Demandez l'aide de l'archange Azraël pour évacuer la tristesse et de l'archange Michaël pour vous donner du courage.

INNOCENCE

« Ami très cher, tout le monde est innocent en vérité, car personne ne peut altérer la perfection de l'œuvre de Dieu. Confiez-nous vos sentiments de pesanteur pour que nous allégions votre fardeau. Confiez-nous culpabilité, colère ou ressentiment qui voilent la lumière de votre horizon. Appréciez de nouveau la paix du cœur. »

Cette carte vient vous assurer que la situation et les personnes en cause ne sont pas coupables.

Si vous avez entretenu la culpabilité, libérez-la et confiez-la aux anges. De toutes les émotions, c'est celle qui a les vibrations les plus basses, et de ce fait elle attire la négativité. Si vous jugez les autres, cette carte vous rappelle qu'il vous faut regarder le divin en eux pour améliorer la situation (vous n'êtes pas obligé de prolonger une relation avec quelqu'un dont vous vous méfiez ; cependant, vous devez évacuer les pensées et les émotions négatives pour votre propre bien-être). Les anges vous demandent de tenir compte du fait qu'un malentendu est une erreur innocente.

Significations supplémentaires : Considérez le point de vue de l'autre • Pardonnez-vous et libérez les regrets • Un malentendu est peut-être à la base de votre dispute • Respectez votre enfant intérieur et celui des autres • Regardez au-delà des illusions superficielles pour voir la vérité spirituelle de la perfection et de l'Ordre divin.

JOIE

« La joie est l'énergie la plus élevée. Elle naît de votre gratitude pour les cadeaux de chaque instant et donne la sensation magique que tout est possible. Elle vous permet d'attirer le meilleur et de créer présent et futur à leur niveau le plus élevé. »

Vous avez tiré cette carte afin de vous souvenir de rester centré dans un sentiment de joie pour renforcer votre pouvoir. Demandez conseil sur les changements à opérer pour faire entrer plus de joie dans votre vie et celle des autres. Si vous vous sentez coincé ou agressé d'une manière ou d'une autre, les anges peuvent vous soulager de vos fardeaux. Une perspective joyeuse vous apporte la liberté désirée, pendant que vos responsabilités sont assurées.

Significations supplémentaires : Libérez ou améliorez les domaines de votre vie qui manquent de joie • La réponse à votre question vous amène à choisir la route qui vous apportera le plus de joie • Libérez les peurs quand elles se manifestent et concentrez-vous plutôt sur le sentiment de joie comme si votre souhait était déjà réalisé.

JOUER

« Ami très cher, il est temps de laisser de côté le travail pour un instant. Ne vous tracassez pas : nous vous épaulerons pour mener à bien vos responsabilités. La bonne humeur, la gaieté, le rire augmenteront votre niveau d'énergie, et vous retournerez travailler plein d'entrain et dans une perspective nouvelle. »

Les anges voient que vous avez besoin de vous amuser, c'est pourquoi ils vous envoient cette carte. Vous avez beaucoup travaillé et accumulé les soucis ces derniers temps et votre âme a soif de divertissement. Les sentiments de fatigue, l'irritabilité ou la dépression sont des signes supplémentaires que vous avez négligé vos loisirs. Vous n'avez pas besoin d'attendre d'avoir le temps, vous pouvez faire entrer le jeu dans votre quotidien. S'offrir un petit plaisir, faire l'idiot et rire avec un collègue, regarder un film comique sont des exemples qui ne nécessitent pas d'y consacrer beaucoup de temps ni d'argent. Il est essentiel de s'amuser et de se divertir dans la vie, que l'on soit enfant ou adulte. Le jeu nous aide à vivre plus sainement et nous permet de concrétiser plus rapidement nos souhaits. Il fait partie de l'équilibre de la vie.

Significations supplémentaires : Arrêtez ce que vous êtes en train de faire et cherchez à vous divertir dans l'instant • Confiez aux anges toute culpabilité d'aimer vous amuser • Vous méritez la joie, le plaisir et les distractions • Assurez-vous que vos activités récréatives soient purement amusantes et non compétitives.

LÂCHER PRISE SUR LE PASSÉ

« Vous êtes las de porter le fardeau de votre passé. Ami très cher, il est temps d'abandonner cette lourde charge. N'en conservez que l'amour et les leçons reçues, oubliez tout le reste. Vous n'avez plus ni la volonté ni le besoin de le garder, laissez-le s'en aller. »

Vous avez reçu cette carte parce que vos pensées et vos sentiments vous retiennent en arrière. Vous répétez un schéma négatif à cause d'émotions stagnantes issues de votre passé. Cette carte est le signe qu'il vous faut pardonner et aller de l'avant. Cela ne signifie pas que vous soyez obligé de fréquenter la personne à qui vous pardonnez, mais que vous échangiez vos pensées toxiques contre la paix.

Significations supplémentaires : Abordez une nouvelle situation ou relation avec des espérances positives • Évitez la routine • Confiez-vous à un psychologue ou fréquentez un groupe de soutien • Pardonnez à ceux qui vous ont blessé • Pardonnez-vous • Le pire est maintenant derrière vous • Entretenez des pensées légères et lumineuses par rapport à cette situation.

L'OCÉAN

« L'océan bleu et profond parle à votre âme, vous calme et vous guérit. Le simple fait de vous imaginer plongeant en son sein bienfaisant vous tente énormément. Mieux encore, prenez du temps pour vous approcher physiquement de l'océan. Laissez sa beauté et son pouvoir vous laver de vos soucis et de vos tracas. »

Cette carte vient à vous à cause de votre relation à l'océan. Elle est le signe que vous devez passer plus de temps au bord de l'eau, peut-être pendant les vacances ou en allant y habiter. Les anges vous aideront dans votre démarche si vous le leur demandez et les y autorisez. L'air du large et l'eau de l'océan vous inspirent et vous font du bien.

Significations supplémentaires : Prenez des bains d'eau de mer pour éliminer les toxines • Buvez beaucoup d'eau • Reliez-vous à l'esprit des dauphins et des autres animaux marins • Vous avez une vie antérieure en relation avec l'océan • Pratiquez un sport nautique comme la plongée, la voile ou la natation sous-marine.

LOI D'ATTRACTION

« Les pensées sont des placements qui rapportent des intérêts immédiats, alors investissez avec sagesse. Vous avez le pouvoir de les choisir et de les égrener avec amour, paix et harmonie. À votre demande, nous harmoniserons avec joie vos énergies à celles des plus hautes fréquences. »

Les anges vous ont donné cette carte comme rappel de la loi d'attraction, qui peut vous aider à améliorer la situation en question. Les tracas et les plaintes n'attirent que ce qui leur ressemble, alors élevez vos pensées (avec l'aide des anges) pour obtenir ce que vous désirez. Plusieurs fois par jour, imaginez que la situation est maintenant parfaitement réglée. Ressentez de la gratitude qu'il en soit déjà ainsi en esprit, car c'est le point de départ de l'attraction des aspects matériels de la question.

Significations supplémentaires : Pensez à vos souhaits et évitez de vous tracasser et de vous plaindre • Élevez-vous jusqu'au niveau de ceux que vous voulez attirer • Comme votre énergie spirituelle grandit, vous vous sentez moins entraîné par les énergies lourdes dans vos relations et les situations vécues. C'est normal, et les anges peuvent vous aider à assumer les ruptures et les rencontres.

MARIAGE

« Le mariage est deux âmes liées dans l'amour, le respect mutuel et l'engagement. Il signifie un désir d'approfondissement au fil du temps. Le jour du mariage est le témoignage de votre croyance légitime dans le pouvoir de l'amour. Continuez d'insuffler la foi dans cette union, ami très cher. »

Vous avez reçu cette carte parce que le sujet du mariage est lié à votre question. Soit cela fait partie de votre futur proche, soit les anges vous suggèrent de renouveler vos serments pour entretenir le romantisme dans votre union actuelle. Cette carte est entourée d'amour et d'énergie positive, il n'y a donc rien à craindre de son message. Soyez ouvert à l'amour, au romantisme, à toutes les possibilités et amusez-vous le jour de vos noces !

Significations supplémentaires : Vous recevrez sous peu une proposition sentimentale ou professionnelle • Vous expérimentez une « union mystique » entre vos énergies mâle et femelle • Vous allez rencontrer une personne importante à un mariage auquel vous êtes convié • Discutez du sujet avec votre partenaire • Vous rencontrerez bientôt votre futur époux – ou future épouse • L'un de vos amis ou des membres de votre famille va bientôt se marier.

MOMENT CHOISI

« Maintenant, le moment est favorable pour suivre votre inspiration. Les portes sont ouvertes et nous sommes à vos côtés pendant que vous les franchissez. Ne traînez pas, ne reportez pas à plus tard, tous les éléments sont mûrs pour votre succès. Tout est en place, tout le monde est prêt à soutenir vos résultats positifs. »

Cette carte signifie que vous avez certaines étapes à franchir avant que votre prière soit totalement exaucée. Les anges vous disent que c'est maintenant le moment choisi pour agir et qu'ils vous guideront tout au long du chemin. Ce n'est pas toujours la manière d'aborder une situation qui importe, mais l'énergie, l'action, l'intention de concrétiser nos envies. Une fois que nous faisons un pas vers le résultat espéré, l'Univers nous donne un coup de pouce.

Significations supplémentaires : Agissez maintenant • La situation se résoudra facilement à condition de ne pas perdre de temps • Prenez une décision • Les empêchements passés prouvent que le temps n'était pas encore venu.

NETTOYAGE ET DÉSINTOXICATION

« Dans le plus grand respect et avec amour, nous vous demandons de désintoxiquer votre corps, qui est précieux et fragile. Sur votre requête, nous vous aiderons à développer des moyens sains de gérer le stress, de soulager la peine et de vous défaire de vos anciennes habitudes. Confiez-nous vos charges, vos soucis, vos tracas et ressentez les bienfaits d'un organisme nouvellement purifié. »

Cette carte porte les recommandations angéliques d'éliminer de votre corps la chimie et les toxines. Votre sensibilité aux drogues, aux additifs alimentaires (dont le sucre), à l'alcool, à la caféine et à la nicotine a augmenté. Ces substances entravent votre capacité d'entendre vos anges, c'est pourquoi ils vous demandent de cesser d'en consommer. Ils seront heureux de vous soutenir pendant la période stressante de désintoxication, si vous le demandez.

Significations supplémentaires : Nettoyez votre organisme avec des produits végetaux comme du jus d'herbe de blé ou des graines de psyllium • Consultez un nutritionniste holistique • Demandez l'aide de l'archange Raphaël pour réduire ou éliminer la sensation de manque • Évitez les relations et les situations malsaines • Priez l'archange Michaël de débarrasser votre corps ou votre maison des énergies trop basses • Utilisez des produits ménagers biologiques.

NE VOIR QUE L'AMOUR

« Ne vous attardez pas sur les prétendues erreurs, fautes ou maladresses, voyez seulement l'amour présent en chaque personne (y compris vous-même). Votre focalisation sur cet amour qui sous-tend toute situation vous apporte l'amélioration de façon inespérée. »

Les anges vous ont offert cette carte pour vous rappeler de voir les êtres, les situations et vous-même à travers leur regard. Quand on se concentre sur l'amour, tout le reste disparaît, comme si l'on allumait une lumière pour diminuer l'obscurité. Faites appel aux anges lorsque vous avez besoin d'aide pour élever votre point de vue jusqu'à un niveau rempli d'amour.

Significations supplémentaires : Regardez derrière la personnalité et l'ego de chacun pour voir l'ange en lui (si cela vous paraît difficile, demandez de l'aide) • Pardonnez • Laissez la colère, la douleur et les jugements aux anges • Affirmez vos souhaits plutôt que vos craintes.

NOUVEAU PARTENAIRE

« Une rencontre fortuite n'est pas un hasard. C'est un événement orchestré par le Divin, un catalyseur qui déclenche le mouvement pour réaliser vos prières. Remarquez bien les nouvelles personnes que nous mettons sur votre route. Vous les reconnaîtrez à votre sensation de familiarité, d'aisance et de sécurité. »

Les anges vous envoient cette carte pour vous signaler l'arrivée imminente d'une personne dans votre vie en réponse à vos prières : un collègue, un ami, une relation sentimentale. Ne cherchez pas à provoquer la rencontre, elle se fera très naturellement. À ce moment-là, restez à l'écoute des messages angéliques, qui vous guideront tous deux avec amour et magie.

Significations supplémentaires : Vous avez rencontré (ou cela se fera sous peu) votre âme sœur • Acceptez l'aide des autres au lieu d'essayer de vous débrouiller seul • Consultez un spécialiste • Votre prière est exaucée par l'intermédiaire de quelqu'un • Un nouvel animal de compagnie entre dans votre vie.

OCCASION DE PARDONNER

« Cette situation vous donne l'occasion de progresser, de grandir et de vous libérer de vos schémas négatifs. Restez dans l'intention de voir la lumière divine et la bonté chez l'autre personne. Nous vous aiderons à relâcher les pensées, les sentiments et les énergies de rancœur, et à vous élever dans la paix et la compassion. »

Les anges vous envoient cette carte parce qu'ils voient que vous êtes las de vivre un schéma négatif récurrent. Pour briser le cercle vicieux, il est important que vous libériez les vieilles pensées qui empoisonnent votre situation et votre relation actuelle. Vous pouvez le faire en respirant profondément et en offrant aux anges, sur chaque expiration, vos peurs, soucis, colères et autres émotions douloureuses. Le pardon ne signifie pas que vous fermiez les yeux sur la conduite de l'autre personne, mais que vous cessiez de nourrir des pensées et sentiments toxiques à son propos. Lâchez prise, libérez-vous, et grâce au pardon vos anciens schémas seront remplacés par des expériences positives.

Significations supplémentaires : Évitez de critiquer les autres et vous-même • En libérant votre colère, une solution créative se fera jour • Dans cette situation et cette relation se cachent des choses bénéfiques • Concentrez-vous sur vos désirs au lieu de craindre ou de juger.

PROGRÈS CONSTANTS

« Nous vous sommes reconnaissants pour les progrès que vous faites en vous souvenant d'inclure l'amour dans vos activités quotidiennes. Nous voyons clairement votre contribution au monde par vos pensées, vos sentiments et vos actions bienveillantes. »

Vous avez tiré cette carte pour vous confirmer que vous faites des progrès constants. Vous vous comparez aux autres un peu sévèrement parfois, vous reprochant de n'être pas plus avancé sur le chemin. Mais regardez ce que vous avez déjà parcouru, combien de leçons vous avez comprises et le nombre de personnes que vous avez aidées ! Concentrez-vous sur vos progrès au lieu de souhaiter être parfait. Faites chaque jour une petite action dans le cadre d'un projet qui vous passionne.

Significations supplémentaires : Vous êtes sur la bonne voie, même si vous avez l'impression d'avancer tout doucement • Priez la lumière au lieu de maudire l'obscurité • Appréciez-vous.

PROJET CRÉATIF

« Votre âme a envie de s'exprimer de manière créative. Nous vous inspirons pour apporter l'art et le talent dans votre vie. L'expression artistique vous met en joie, la passion renaît et vous avez l'impression de revivre. »

Cette carte dit que vous avez besoin de vous ouvrir un peu plus à l'expression artistique. Les anges vous guident vers la possibilité de créer à la maison et au travail. Vous pouvez par exemple écrire, jouer de la musique, peindre, fabriquer de petits objets, coudre ou décorer. Peu importe que votre talent soit commercialisable ou non. L'important est d'autoriser votre artiste intérieur à apprécier sa liberté d'expression.

Significations supplémentaires : Travaillez sur un projet important que vous aviez jusqu'ici remis à plus tard • Inscrivez-vous dans un atelier artistique comme la photographie ou la danse • Le but de votre vie et une magnifique carrière s'offriront à vous d'une manière créative que vous ne pouvez imaginer pour le moment, alors ne vous souciez pas de savoir laquelle ni ce qui vous attend. Suivez simplement la voie qui s'ouvre devant vous.

QUE DÉSIREZ-VOUS ?

« Vous avez maintenant l'occasion d'écrire le script correspondant aux désirs profonds de votre cœur. Lorsque vous aurez décidé clairement ce qu'ils sont, que vous aurez conscience d'être prêt et de mériter leur réalisation, celle-ci apparaîtra dans votre vie comme par magie. »

Cette carte vient à vous parce que vous attendez toujours des signes extérieurs qui vous montrent la route à suivre. Les anges vous disent que la réponse est en vous. Vous devez décider de vos choix pour que les choses bougent. Réservez du temps pour méditer sur les désirs profonds de votre cœur, pour admettre que vous les méritez, comme tout le monde.

Significations supplémentaires : Utilisez les affirmations et les visualisations positives pour concrétiser vos souhaits • Clarifiez vos désirs • Libérez les peurs et la culpabilité pour oser demander ce que vous voulez.

RELATION

« La relation entre Dieu et vous-même est primordiale et toutes les autres en découlent. Pour établir, équilibrer ou améliorer une liaison, blottissez-vous au plus près de votre Créateur aimant. Quand vous vous sentirez aimé et sécurisé, tout le reste fleurira et sera prospère. »

Cette carte signale votre entrée dans une phase plus positive de vos relations. Comme le montre l'image, vous êtes sorti de la forêt pour entrer dans un lieu baigné de lumière et de beauté. Ainsi que l'ange représenté sur la carte, vous avez seulement besoin de tenir bon encore quelque temps.

Significations supplémentaires : La réponse à votre question se trouve dans la relation elle-même • Faites confiance à votre intuition et agissez en conséquence • Les anges vous aident à concrétiser une nouvelle liaison magnifique • Envoyez de la lumière, de l'amour et des anges vers votre relation présente • Votre couple vit une transition positive (qui peut aboutir à un dénouement heureux).

REMARQUER LES SIGNES

« C'est exact, les signes que vous avez reçus ont été envoyés par le Ciel. Nous déposons des plumes, des pièces de monnaie et d'autres petits objets sur votre route pour vous rappeler que l'amour vous entoure et que vous n'êtes jamais seul. »

Les anges vous offrent cette carte pour vous aider à comprendre les signes que vous avez remarqués récemment. Plumes, petite monnaie, papillons, oiseaux, quels que soient les visions répétitives qui s'imposent à vous, ce sont des signes de vos anges, qui vous les envoient délibérément pour vous rappeler leur présence aimante, protectrice et éclairante.

Significations supplémentaires : Vos chers disparus vous adressent un salut depuis le Ciel : « Regarde, on t'aime ! » • Notez les signes répétitifs et sachez qu'ils valident le chemin que vous avez choisi • Ayez confiance • Suivez les indices qui vous guident vers votre désir profond.

RÊVERIE

« Vous recevrez et entendrez plus facilement nos messages si vous vous laissez aller régulièrement à la rêverie. Relaxez-vous et accueillez vos pensées sans les diriger. Notez seulement les sensations, les images ou les idées qui vous traversent l'esprit comme si vous regardiez un film. Vous êtes au siège de la créativité. »

Les anges vous ont envoyé cette carte parce qu'ils souhaitent que vous soyez plus réceptif à de nouvelles idées. Il est important pour vous de laisser libre cours à la rêverie comme moyen de recevoir l'inspiration. N'essayez pas de faire venir les choses. Suivez simplement le cheminement de vos pensées elles vous apportent un nouvel éclairage sur le monde. Notez-les dans un journal intime et demandez conseil à vos anges sur les actions à entreprendre pour les concrétiser. Passez à l'acte sans attendre dès que vous vous sentez guidé.

Significations supplémentaires : Restez ouvert aux nouvelles opportunités • Autorisez-vous à rêver de grandes choses • Donnez-vous la permission de vous relaxer et de lâcher prise • Essayez quelque chose de nouveau dont vous avez toujours rêvé • Réfléchissez seul ou en groupe pour trouver des idées nouvelles.

RIEN À CRAINDRE

« Vous êtes en sécurité, la divine Providence et l'Ordre universel contrôlent la situation, dans laquelle il vous suffit d'inclure des pensées et des sentiments d'amour pour vous assurer que les meilleurs résultats possibles en découlent et vous parviennent sans effort. »

Les anges vous envoient cette carte parce que vous vous tracassez pour rien. Les soucis sont une forme de prière, ils vous attirent ce que vous ne désirez pas. Libérez-les en les donnant aux anges, car vous n'avez vraiment rien à craindre. En fait, ils pourraient même générer une prophétie défaitiste propre à se réaliser.

Significations supplémentaires : Tout va beaucoup mieux que vous ne l'imaginez • Demandez aux anges de vous libérer de vos tracas • Vous aurez inévitablement un résultat positif • Évitez de vous faire du souci, pour que vos émotions négatives ne vous entraînent pas, vous et votre situation, vers un échec • Les anges sont à vos côtés, tout va bien.

S'AFFIRMER

« Cette situation peut s'améliorer en douceur et avec amour, comme vous le souhaitez, cependant vous aurez besoin de force et d'honnêteté envers les personnes impliquées. Nous serons à vos côtés pour vous encourager et guider vos paroles lorsque vous direz la vérité. »

Vous avez tiré cette carte parce que vous demandiez d'éclaircir une situation dans laquelle vous vous sentez victime. Les anges vous disent que les choses seront rectifiées si vous exprimez clairement vos besoins et vos attentes. Vous pouvez être à la fois gentil et plein d'assurance si vous sollicitez du courage et des conseils pour dire la vérité. Avec un peu de pratique, rester aimable en s'affirmant devient plus facile.

Significations supplémentaires : Faites face à la situation • Lisez un livre ou suivez un stage sur l'affirmation de soi • Remplacez l'agressivité ou la conduite autodestructrice par de l'assurance • Gérez les conflits avec amour et honnêteté • Dites la vérité aux autres et à vous-même • Cette situation vous offre une opportunité d'épanouissement personnel et spirituel.

SE LANCER

« Vos prières et attentes positives ont été entendues. Nous travaillons auprès de vous sur cette situation depuis son origine et nous continuerons de veiller sur vous et les personnes impliquées. Vous êtes sur la bonne voie, persistez et cela vous mènera vraiment très loin. »

Vous avez tiré cette carte comme un encouragement à résoudre la situation qui vous préoccupe. Les anges vous rassurent quant à son issue positive, à condition que vous ne cessiez d'épancher l'amour et de suivre leurs conseils.

Significations supplémentaires : N'hésitez plus, c'est le bon moment • Vous êtes sur la bonne voie • Votre idée est inspirée par Dieu • Les anges prévoient un résultat positif.

SE METTRE À DISPOSITION

« Votre âme désire simplement servir dans la joie et nager dans un flot de bonheur constant qui vous apporte tout ce dont vous avez besoin. Concentrez-vous totalement sur le fait de rester dans ce mouvement, de donner et recevoir en toute situation et dans tout ce que vous faites. »

Cette carte vient à vous parce que vous vous tracassez à propos de votre mission. Peut-être craignez-vous de manquer d'argent, de n'avoir aucun succès ou d'être rejeté par les autres. Au lieu de vous soucier de ce que vous pouvez recevoir ou des réactions des autres, demandez-vous uniquement comment vous pouvez servir. Utilisez vos talents naturels, vos passions et vos intérêts pour aider les autres ou participer à une cause vitale. Alors, grâce à la loi d'attraction, vous recevrez toute l'aide nécessaire.

Significations supplémentaires : Confiez vos soucis d'argent à Dieu et aux anges • Soyez réceptif à vos intuitions et suivez-les sans hésitation • Si vous êtes mal à l'aise, ne pensez plus qu'à servir.

SE RÉCOMPENSER

« Vous avez beaucoup donné de vous-même ces derniers temps, il faut maintenant penser à recevoir. Prenez le temps de vous récompenser de manière significative. Cet équilibre est essentiel pour conserver l'énergie, l'optimisme et la motivation à leur niveau le plus élevé. »

Vous avez tiré cette carte parce qu'il est grand temps de vous remercier pour tout le travail que vous avez fourni. Tout le monde a besoin de récompense, vous n'êtes pas une exception. Un petit cadeau vous redonnera énergie, bonne humeur et courage. Réservez-vous du temps pour prendre soin de vous dès aujourd'hui. Offrez-vous un objet, un voyage, une aide dont vous avez très envie, et notez combien votre enfant intérieur éclate de joie devant cette délicate attention.

Significations supplémentaires : Prenez une journée de congé aujourd'hui • Faites une folie et offrez-vous un cadeau • Rétablissez l'équilibre entre donner et recevoir • Assurez-vous que vous acceptez de recevoir • Appréciez tout ce que vous avez fait.

TRAVAIL ÉNERGÉTIQUE

« La vie peut dynamiser parce que son essence même est électrisante. Votre corps est un formidable champ d'énergie qui répond incontestablement aux traitements dispensés avec amour. Vos mains et votre cœur sont activés pour soigner vos proches et vos clients. »

Vos anges disent à travers cette carte que vous avez besoin de travailler sur l'énergie, avec le reiki ou le qi gong par exemple. Vous pouvez trouver un thérapeute qualifié en contactant votre centre de soins holistiques ou métaphysiques. Les anges vous suggèrent de vous engager, pour une ou plusieurs séances, à recevoir un traitement énergétique. Ce message peut également signifier que le but de votre vie est de donner des soins aux autres. Si vous êtes formé à ce métier (ou si vous avez été guidé vers une telle formation), cette carte est le signe que vous serez excellent dans ce domaine.

Significations supplémentaires : Purifiez votre maison ou votre environnement professionnel • Vous êtes très réceptif aux énergies, nettoyez régulièrement votre corps de tout ce que vous absorbez • Protégez-vous en visualisant une lumière blanche et violette autour de vous • Faites des stages pour devenir thérapeute énergétique.

VOIR LE BON CÔTÉ

« Ce qui ressemble à un problème est en fait une réaction à votre prière. Vous comprendrez les raisons de votre situation actuelle quand tout se résoudra. Gardez confiance en la protection divine et en son infinie sagesse pour vous offrir la meilleure réponse. »

Les anges vous ont envoyé cette carte pour vous aider à distinguer le côté positif d'une apparente difficulté. Ce qui semble perdu devait disparaître et sera remplacé par quelque chose de mieux. Ne craignez pas le futur, continuez de prier et de suivre les conseils qui vous viennent sous forme de sentiments, de pensées, d'images ou de mots répétitifs.

Significations supplémentaires : Une porte se ferme, une autre s'ouvre • Il appartient à Dieu de savoir « comment » répondre au mieux aux prières • Libérez le besoin de contrôler et de prédire les conséquences de cette situation • Ayez confiance.

POUR COMMANDER DES REPRODUCTIONS

Vous pouvez commander des reproductions de la plupart des images contenues dans le jeu de *Cartes oracles, Messages quotidiens de vos anges*. Elles existent en plusieurs dimensions, sans bordure blanche ni légende. Pour vous les procurer, contactez directement les illustrateurs, dont nous vous donnons les coordonnées ci-dessous. Hay House Inc., Angel Therapy Inc. et Doreen Virtue n'assument aucune responsabilité dans la transaction que vous effectuerez avec l'un ou l'autre artiste.

Tableaux d'Audrey L. Arena
Nom des cartes : *Air frais, Donner et recevoir, Garder confiance, Joie, Mariage, Occasion de pardonner, S'affirmer, Se lancer, Se récompenser*

Les peintures d'Audrey sont des œuvres de fantasy réaliste inspirées par les foires de la Renaissance, sa famille, ses animaux et la Bible. « Scènes du Royaume paisible » est son thème favori, qu'elle illustre de paysages exotiques, d'animaux et de personnages costumés dans les décors de leurs rêves. Audrey participe aux expositions de Harley-Davidson, elle peint sur des motos, des œufs de collection, des toiles et autres matériaux.

www.fantasyartbyaudrey.com

Tableau de Gail Gastfield
Nom de la carte : *Enracinement*

Gail Gastfield débute son éducation artistique à l'âge de dix ans en étudiant le dessin au fusain et au pastel avec un professeur particulier. À douze ans, elle se lance dans la peinture acrylique et à l'huile. Dès l'université, elle choisit de faire carrière dans l'illustration commerciale, en raison d'une préférence pour l'art figuratif. Sa licence en beaux-arts et arts graphiques en poche, elle commence à travailler chez un éditeur de posters en tant qu'illustratrice maison et directrice artistique. Au fil du temps, elle conçoit du matériel promotionnel et réalise plus de 150 posters, créant une large variété d'images comprenant des licornes, des chats, des ours en peluche et autres. Les anges, la fantasy et l'espace sont ses sujets préférés. Depuis 1995, elle travaille en free-lance, illustrant des tee-shirts, posters et autres cadeaux souvenirs. Elle utilise l'aérographe, les crayons de couleur, la gouache, la peinture acrylique, l'encre et la plume, les huiles ainsi que de nombreux programmes informatiques de création artistique.

www.gailgastfield.com
gailgastfield@mac.com

Tableaux de Glenda Green

Nom des cartes : *Chakra du cœur, Lâcher prise sur le passé, L'océan, Que désirez-vous ?*

Avec des tableaux exposés dans des lieux aussi illustres que le Smithsonian Institution de Washington, le musée d'Art du Williams College dans le Massachusetts ou le musée de la Ville de New York, Glenda est considérée depuis de nombreuses années comme l'un des meilleurs peintres réalistes américains. Son style est teinté de spiritualité intuitive, d'émotion profondément subjective, de couleur significative et d'un savoir-faire raffiné. Ses œuvres originales font aujourd'hui partie intégrante des plus grandes collections à travers les États-Unis. Elle a enseigné l'art à l'université de l'Oklahoma et à celle de Tulane à La Nouvelle-Orléans.

Elle est aussi l'auteur de deux best-sellers, *L'Amour sans fin : Enseignements de Jésus* et *The Keys of Jeshua*[1]. Depuis quelques années, elle consacre la majeure partie de son temps à donner des conférences, au cours desquelles sa personnalité enthousiaste, pleine d'esprit et d'assurance éveille chez l'auditeur la reconnaissance intime de sa propre conscience supérieure.

www.lovewithoutend.com

Tableau de Lisa Iris
Nom de la carte : *Nettoyage et désintoxication*

L'œuvre de Lisa Iris est mondialement connue. Cette artiste a pour devise : « Mon rêve est de montrer aux gens le trésor de leur propre vie. » Elle est membre de Transcend, réseau pour l'art et la paix et s'implique également dans la Twilight Brigade[1] (**www.thetwilightbrigade.com**).

www.lisairis.com (pour les tableaux)
www.whitewolfgallery.bigstep.com
(pour les bijoux et les reproductions)

[1] Organisation qui vient en aide aux vétérans des guerres américaines dans les hôpitaux.

Tableaux de Marcel LorAnge
Nom des cartes : *Acceptation, Remarquer les signes*

LorAnge est un peintre de style classique depuis plus de trente ans. Bien qu'il se soit bâti une réputation internationale dans le monde de l'imaginaire avec ses représentations de personnages ailés, il se considère comme un artiste romantique, fasciné non seulement par les mystères du monde mais aussi par la magie de la vie et la promesse de l'éternité. Ses visions intuitives l'ont poussé à rassembler dans un même travail les fées et les anges, ce qui est très rare dans l'histoire de l'art romantique et spirituel.

Reconnu pour son utilisation de couleurs chaudes et la nature symbolique de son œuvre, Marcel LorAnge attribue la qualité intemporelle de son style à son amour des grands maîtres. Il décrit ses peintures comme les pages de son cahier de rêves, et ses rencontres de toujours avec les anges ne surprendront personne. Son site Web expose plus de 200 de ses tableaux et propose à la vente originaux et reproductions.

www.LorAnge-Art.com
marcel_lorange@yahoo.com

Tableau d'Anne Yvonne Gilbert
Nom de la carte : *Progrès constants*

Anne Yvonne Gilbert est née en 1951 en Angleterre, à Wallsend, dans le Northumberland. Après des études aux Beaux-Arts de Newcastle et de Liverpool, elle débute en 1978 une carrière d'illustratrice indépendante, proposant son travail à la plupart des éditeurs britanniques et américains ainsi qu'à de nombreuses entreprises prestigieuses. Elle se forge vite une excellente réputation internationale dans son domaine et reçoit des prix de renom pour ses réalisations.

Son œuvre couvre un large spectre dans le design publicitaire, le travail éditorial, la décoration graphique de centaines de couvertures de livres, la conception de posters, d'articles de bureau et d'autres objets promotionnels. Elle est spécialisée dans l'illustration d'albums de grande qualité, secteur dans lequel sa réputation reste inégalée.

Anne-Yvonne a eu le privilège de dessiner trois séries de timbres-poste pour la Royal Mail Britannique(Noël 1984, Les légendes d'Arthur en 1985 et Noël 1994), qui lui ont valu la reconnaissance du Golden Stamp Award et le prix international du « Plus beau timbre du monde ».

Persuadée de l'importance d'encourager les jeunes artistes, elle donne régulièrement des cours de théorie et de pratique dans plusieurs établissements de l'enseignement supérieur. En reconnaissance de la valeur de son travail dans ce domaine, elle est nommée expert externe du CNAA[3] pour ses cours sur l'illustration à Manchester Polytechnic entre 1981 et 1985. Elle soutient également des organisations professionnelles comme North by North East, un groupe de dessinateurs et photographes vivant et travaillant dans le nord-est de l'Angleterre. Certains de ses originaux ont été achetés par des collectionneurs privés du monde entier, parmi lesquels Son Altesse Royale la Princesse Margaret et Arnold Schwarzenegger.

Anne-Yvonne Gilbert habite avec son fils Thomas et leurs animaux familiers à Newcastle upon Tyne. Elle travaille en ce moment sur un livre d'images pour Barefoot Books et sur un autre pour le chanteur Billy Joel.

www.thorogood.net

Tableau de Scott Gustafson

Nom de la carte : *Changer de direction*

Scott Gustafson tire son inspiration artistique d'une large variété d'influences, mais c'est son intérêt pour l'âge d'or de l'illustration qui domine son travail. Il a eu l'occasion de participer à des œuvres classiques comme *Peter Pan*, *Casse-Noisette*, *La Nuit magique de Noël,* aussi bien qu'à ses propres ouvrages, *Animal Orchestra* et *Alphabet Soup*. Son dernier livre s'appelle *Classic Fairy Tales* et rassemble une collection de dix contes de fées parmi les plus appréciés au monde. Il sera publié chez The Greenwich Workshop Press.

Le travail de Scott Gustafson est également reproduit sur des assiettes de collection, des puzzles, des calendriers et quelques publications de beaux-arts à tirage limité.

www.scottgustafson.com

Tableaux de Marius Michael-George

Nom des cartes : *Abandonner et libérer, Averse d'abondance, Conseil fiable, Entrepreneur, Il est temps de partir, Relation*

Marius Michael-George est un artiste visionnaire de formation classique et un professeur spécialiste des arts sacrés. Son œuvre est sous licence internationale et publiée sous forme de gravures, cartes, livres illustrés et reproductions sur toile. Dans son école de réalisme visionnaire-classique, Marius propose un programme d'apprentissage, un grand choix d'ateliers et de séminaires et des cours particuliers pour étudiants de tous niveaux d'expérience artistique.

« Je peins des anges parce qu'ils font intrinsèquement partie de ma propre nature, dit-il. D'ailleurs, dans ma vie quotidienne, je suis toujours entouré de gens qui sont vraiment des anges incarnés. La douceur, l'innocence et la beauté de la nature angélique, ajoutées à leur pouvoir et leur majesté extraordinaire sont pour moi une source d'inspiration sans cesse renouvelée. »

Toutes les images d'archanges reproduites dans ce jeu de cartes oracles sont disponibles sous forme de gravures ou de cartes, de reproductions au jet d'encre sur toile. Quelques-unes des huiles originales sont également en vente.

www.mariusfinaArt.com

Marius@ycsi.net

Tableaux de Steve A. Roberts

Nom des cartes : *Loi d'attraction, Travail énergétique*

Artiste visionnaire et technicien, Steve A. Roberts est un autodidacte qui s'est formé en étudiant le travail des héros de son enfance – des légendaires peintres de l'imaginaire comme Frank Frazetta et les frères Hildebrandt. Plus tard, il assiste à quelques cours de la Ringling School of Arts qui constituent son unique formation officielle. Né au cœur de la Floride, dans la petite ville de Palmetto, à deux pas du golfe du Mexique, il commence à dessiner très jeune, comme la plupart des artistes. Puis il passe douze ans en Alaska, une région qui excite depuis toujours son imagination. Durant ce laps de temps, il est chauffeur de taxi à Anchorage, travaille dans la construction, se bâtit une cabane en rondins sur un terrain de seize hectares et se met à peindre les merveilles de ce lieu féerique. Son travail commençant à être de plus en plus apprécié, il retourne en Floride et fonde sa compagnie, la Fantasy Graphics. Il est aujourd'hui en passe d'être reconnu comme l'un des nouveaux plus talentueux illustrateurs de l'imaginaire.

www.fantasy-graphic.com

Tableaux de Kevin Roeckl

Nom des cartes : *Cupidon, Demander, Enfant, Jouer, Nouveau partenaire, Voir le bon côté*

Né en 1957, Kevin Roeckl a reçu une éducation artistique de son père, collectionneur d'art et amateur talentueux. À dix-huit ans, il décroche un poste dans une entreprise de conception graphique du sud de la Californie, mais sa soif insatiable de créativité le mène très vite dans le monde des beaux-arts, et ses expositions en solo deviennent très populaires.

Sa sensibilité et ses dons de médium le poussent à une longue quête de sagesse spirituelle. En 1983, il émigre vers la lointaine côte nord du Pacifique. Là-bas, la solitude alliée à la beauté sauvage de la nature lui permettent d'accéder à son être intérieur. Par la méditation, Roeckl s'évertue à laisser la source de créativité s'écouler à travers lui jusque sur le papier. « Les images d'anges incarnent notre connexion à l'esprit, » explique-t-il.

En 1995, il est contacté par une grosse entreprise de cadeaux souvenirs pour décorer deux séries d'assiettes de collection. Ses images sont depuis sous licence d'utilisation pour cartes de vœux, journaux intimes, coffrets à bijoux, chandeliers votifs, kits de broderie et autres.

Après vingt ans passés à exposer ses originaux dans les galeries de la côte ouest, il se consacre maintenant aux commandes privées, se spécialisant dans le portrait photoréaliste, qui capture l'âme et l'essence de la personne. Des reproductions et des cartes annotées de son travail sont disponibles sur son site Web. Il aime que l'on s'intéresse à ses originaux.

www.masterartist.biz/angels.html

Tableaux d'Eva Sullivan

Nom des cartes : *Famille, Projet créatif, Rien à craindre, Se mettre à disposition.*

Eva Sullivan est une peintre écologiste visionnaire. Son amour des animaux, de la terre et du Créateur divin est un thème récurrent dans ses œuvres. Sa quête spirituelle et ses voyages dans les lieux sacrés du monde ont contribué à transformer son travail pour lui donner sa forme d'expression actuelle. Elle a pour but d'offrir au spectateur ce qu'il y a de meilleur. Ses tableaux peuvent être utilisés comme un instrument de voyage méditatif pour que chacun accède aux portes des dimensions supérieures. Une partie du bénéfice ses ventes est reversée à des causes humanitaires et à la défense de l'environnement et des animaux. L'essentiel de son travail présenté dans ce jeu de cartes est inspiré des énergies féminines qui nourrissent et élèvent l'âme de notre planète pendant le transit de Vénus. Eva est appelée à créer un art qui éveille, qui amène à la réelle connaissance de soi et de l'enfant intérieur, et qui pousse à rechercher activement l'union avec la Source divine. Son travail est disponible sous forme de cartes, de reproductions, de magnets et autres.

www.stardolphin.com

Tableaux de Carolyn Utigard Thomas

Nom des cartes : *Innocence, Moment choisi*

Carolyn Utigard Thomas est une artiste contemporaine qui travaille principalement l'aquarelle. Ses peintures sont des aventures imaginaires et des paysages de l'esprit. Née à Chicago, elle grandit à Saint Paul et à Indianapolis avant d'obtenir une licence en beaux-arts avec "mention très bien" à l'université de Cincinnati ainsi qu'une licence en sciences de l'éducation.

Sa carrière très variée l'amène à travailler aussi bien chez Hallmark à Kansas City que chez Astroworld à Houston, peignant posters, fresques ou décors de théâtre. Puis elle se lance dans le commerce de l'art, créant des logos, des illustrations publicitaires et des peintures murales.

En 1978, elle commence à consacrer tout son temps à l'aquarelle, ce qui lui vaut de nombreuses récompenses. Ses œuvres sont exposées dans les collections publiques et privées du monde entier. Ce qui attire dans la plupart de ses tableaux, c'est la douceur des couleurs recouvertes de voiles géométriques, créant la sensation langoureuse d'un espace fluctuant. Quel que soit le sujet qu'elle explore – des anges et silhouettes végétales à la décoration pure –, Carolyn attribue la majeure partie de son inspiration aux sentiments qui lui viennent de la méditation, activité qu'elle pratique depuis des années. Des mondes physiques et spirituels se mêlent avec inventivité dans son expression du mystère, du rêve et de la vision.

www.utigard.com

Tableaux de John Philip Wagner
Nom des cartes : *But de la vie, Ne voir que l'amour*

John Philip Wagner, maître artiste, artisan et homme de scène, est très connu pour ses peintures exposées dans les collections du monde entier. Enfant, déjà, il placarde les murs de son école de pyramides égyptiennes et de navires romains. Quelques années plus tard, il étudie les arts du théâtre aussi bien que la peinture, la sculpture et la gravure. Il se familiarise avec l'art du sud-ouest des États-Unis et celui des Amérindiens pendant sa résidence au Nouveau-Mexique. À Santa Fe, il crée la première version de son théâtre de marionnettes connu aujourd'hui sous le nom de « Wagner Marionettes ». Des reproductions de son travail sont disponibles sur **www.dreamstone.com.au** et, ses cartes décorées sur **www.milkandhoneyinc.com**. Actuellement, quand il ne peint pas, il passe son temps à amuser les enfants grâce à ses petits personnages à ficelles et sillonne les États de l'est avec son théâtre ambulant. Ses dernières peintures d'anges, de fées, d'Égyptiens imaginaires et d'art régional se trouvent sur son site Web.

« Je crois, dit-il, que la beauté d'un objet ou d'une idée, quand elle est partagée et diffusée dans le monde, augmente graduellement pour devenir une sorte de célébration mutuelle avec l'artiste, qui en devient le maître de cérémonie. »

www.artbyjohnpwagner.com

Tableaux de Corey Wolfe
Nom des cartes : *Écouter, Rêverie*

Corey travaille à plein temps comme illustrateur depuis 1979. Il a reçu de nombreuses récompenses, spécialement dans le domaine de l'industrie du cinéma et de la vidéo, dans les secteurs de la science-fiction et du fantastique. Il produit aussi bien des peintures à l'huile classiques que des œuvres numériques. Il a réalisé plus de 700 projets pour les studios Disney, dont les célèbres *Fantasia*, *Les 101 Dalmatiens*, *La belle au bois dormant*, *Aladdin* et *Le Roi Lion*.

Il vit avec sa femme et sa fille dans l'État de Washington, où il travaille dans un studio de rêve au milieu de deux hectares et demi surplombant Portland et Vancouver. « La vie est belle, commente-t-il. Mais comme tout artiste, je rêve de travailler les beaux-arts. Quand j'ai le temps, je peins des femmes dans des poses classiques. J'aime aussi représenter des anges et des fées. » Entre autres travaux, des reproductions photographiques sont disponibles en 35,5 et 27,9 sur son site Web

www.coreywolfe.com

L'AUTEUR

Doreen Virtue Ph. D, docteur en philosophie, est voyante depuis son plus jeune âge et métaphysicienne de quatrième génération ; elle a obtenu trois diplômes universitaires en psychologie et conseil. Elle est également l'auteur de plusieurs livres sur les anges, le développement personnel et les sujets concernant le corps, l'âme et l'esprit. Elle est appelée "la Dame aux Anges"

Vous pouvez visiter son site Web : **www.angeltherapy.com**. pour de plus amples informations sur les ateliers, les livres, les cassettes et les cartes.

NOTES :

NOTES :

NOTES :

NOTES :

NOTES :